VTh
12377

LA MORT DU BŒUF-GRAS.

TRAGÉDIE COMIQUE.

SUIVIE D'UN DIVERTISSEMENT.

Par M. TACONET.

Représentée pour la premiére fois à la Foire S. Germain le 26. Février 1767.

Une grenouille vit un bœuf
Qui lui sembla de belle taille... La Fontaine, Fable III.

A PARIS,

Chez CLAUDE HERISSANT, Imprimeur-Libraire, rue neuve Notre-Dame.

M.DCC.LXVII.

Avec Approbation & Permission.

Point de critique du St. des scav: quoiqu'à l'auteur de cette jolie parade.

Quel est le motif de la communication de Mr. Rizzi pour le salut ou conservation des Balugoras? L'avoit-il vendu ou cedé à son confrere et il restoit pour en faire des reliques, pour le faire vivre en chanoine? Ce motif n'est du tout point touché. D'où vient cette reticence? est elle de soumission ou de connivence? quel en est le but? &c.

EPITRE DEDICATOIRE
A MON BOUCHER.

O Vous, qui des Bouchers êtes le moins bouché;
Qui sur le bel esprit restez toujours perché,
Qui fécond en bon mots, de Paris jusqu'à Rome,
Passez pour un sçavant dont le mérite assomme:
Continuez, mon cher; oui, tuez, égorgez:
Mais ne m'oubliez pas, du moins quand vous mangez;
Laissez-moi m'arranger avec votre servante.
Je vois sur le sapin d'une table ambulante
Vendre vos restes frais, & parmi des graillons
Vous livrez sans égard l'auteur de vos bouillons.
Souvenez-vous de moi. Que Messieurs vos Confreres
Fassent fructifier mes veilles littéraires ;
Donnez-leur rendez-vous; dites-leur qu'à tous prix
Notre petit spectacle égaye les esprits.
Dites-leur d'y pleurer, afin de contredire
L'Auteur qui les veut tous faire crever de rire.

NOMS DES ACTEURS.

M. MERLIN, Maître Boucher.

M. POISSI, Marchand de bœufs.

DOSD'ASNE, Etalier.

L'ECHAUDOIR, premier garçon Boucher, Amant de Brûlelavette.

BRÛLELAVETTE, servante de M. Merlin.

GARÇONS Bouchers.

La Scène est à la Boucherie du Fauxbourg Saint Germain.

LA MORT
DU BŒUF-GRAS.
TRAGÉDIE COMIQUE.

SCENE PREMIERE.

M. MERLIN M. POISSI.

M. MERLIN

VOUS me priez en vain ; l'arrêt est confirmé.
Le bœuf gras est coupable, & doit être assommé.
M. POISSI.
Le bœuf gras assommé ! Pourquoi ? Quel est son cri-
me ?
M. MERLIN.
Avec les autres bœufs on sçait comme il s'excrime.
La portion de trois n'est qu'un morceau pour lui :
Vaches, veaux & moutons, tout se plaint aujour-
d'hui.
Je veux faire cesser leur trop juste murmure,
Et le bœuf gras chez moi va laisser sa fressure.
M. POISSI.
Ah, Dieux, quel triste arrêt ! Eh quoi vous en croirez

A

La mort du Bœuf gras,

Vaches, veaux & moutons contre lui conjurés,
Eux dont la jalousie en tous tems est sans bornes,
Leur sacrifieriez-vous les deux plus belles cornes,
Vous que cet ornement a toujours décoré,
Et qui de vos voisins êtes le mieux paré ?
Songez, Seigneur Merlin, songez à cette affaire,
Et montrez-nous un cœur un peu moins sangui-
 naire.
Que dira-t-on de vous au marché de Poissi,
Quand de cet attentat on vous verra noirci ?
Je sçais bien qu'à Paris on en fera des fêtes ;
Mais vous aimez le sang, & nous aimons nos bêtes.
De ces bêtes, Seigneur, soyez plutôt l'appui,
Et prenez pour mon bœuf votre cœur par autrui.
Que vous auroit-il fait, lui qui dès son enfance
N'étant encore que veau montroit tant de pru-
 dence ?
C'est moi qui sans reproches, & même avec regret,
Vous l'ai vendu cent francs, dont j'ai votre billet.
Je n'en disconviens pas ; la somme est bien mo-
 dique :
Mais si j'ai lâché pied, c'est pour votre pratique ;
Le bœuf gras n'est pas moins un bœuf du plus
 haut prix,
Et les Marchands Bouchers en étoient tous épris.
Il a des partisans, on connoît son mérite ;
Et vous ne l'avez pas encor dans la marmite.
Seigneur, songez-y bien : le tonnerre en éclats
Pourroit venger sur vous la race des bœufs-gras.

M. MERLIN.

J'ai beaucoup de respect pour l'éclat du tonnerre ;
Mais pour vous, cher ami, ma foi je n'en ai guère.

M. POISSI.

Vous me bravez, Seigneur ; vous le pouvez ici :

Tragédie comique.

Tu n'aurois pas vaincu dans les champs (*) de Poissi.

M. MERLIN.

J'aurois vaincu par-tout pour servir la patrie.
Je connois mon devoir en fait de boucherie,
Et n'attends pas de vous des avis dont l'effet
Peut vous servir ici comme un cloud à souffler.
Veillez, Seigneur, veillez sur vos bœufs & vos vaches ;
Mais pour m'en imposer, eh ! non pas que je sache.
Que vous ai-je promis qui puisse m'engager
A conserver un bien que chacun veut manger ?
De vos desseins les miens seront-ils les esclaves ?
Je ferai du bœuf gras ou des choux ou des raves.
C'est à vous de vous taire ; & si vous raisonnez,
Vous aurez du bœuf gras les tripes par le nez.

M. POISSI.

Barbare, tigre, chat, cancer que rien ne touche
Puisse la viande crue écumer dans ta bouche !
Et que d'une écumoire égueulée & sans trous,
On te fasse un bouillon qui vale tes cinq sous !
Tu veux donner la mort à qui soutient ta vie ?...
Prends tout ; mais tu rendras, je te le certifie.

M. MERLIN.

Je ferai ce qu'il faut, rouge ou blanc ; apprenez
Que ce n'est pas à vous d'y fourrer votre nez.

M. POISSI.

Mais au moins dites-moi, quand voulez-vous qu'il meure ?
Pourrai-je l'embrasser avant sa dernière heure ?

M. MERLIN.

Seigneur, quand je me tais, c'est que je ne dis rien. (†)

(*) Allusion à un vers du siége de Calais.
(†) *[illegible]* le bourreau de Paris, 1657. *[illegible]*

La mort du Bœuf gras

» Bœuf gras ignore encor quel sort sera le sien ;
» Et quand il sera tems que le merlin (*) l'accoste,
» Vous l'apprendrez aussi par la petite poste.

M. MERLIN.
Oh funeste nouvelle !

SCENE II.

M. MERLIN, M. POISSI, BRÛLELAVETTE.

BRÛLELAVETTE.
Ah, Seigneur, paroissez :
Vingt carreaux dans l'instant viennent d'être cassés.
Le bœuf gras a brisé la fenêtre, la porte ;
Il va tout achever, si vous n'avez main forte.

M. MERLIN.
Doucement, point d'éclat. Eh ! gardes, écoutez...
   (*Quatres garçons Bouchers entrent armés
     de batabœufs.*)
Mais non, n'écoutez pas, je radote : sortez. (*ils
   sortent.*   *à M. Poissi,*)
Ce voilà le bœuf-gras dont vous êtes l'intime :
Vous voyez sa douceur, & comme il nous abysme.
Me viendrez-vous encor parler en sa faveur ?

M. POISSI.
Seigneur, excusez-le ; c'est qu'il a de l'humeur.
On en auroit à moins : & ce qu'on lui destine,
Vous feroit, comme lui faire mauvaise mine.

BRÛLELAVETTE *à M. Merlin.*
Seigneur, faites-lui donc entendre la raison ;
Il vous écoute mieux qu'aucun de la maison.

(*) Merlin gros marteau avec lequel on assomme les bœufs.

Tragédie comique.

Pour moi j'en ai si peur, que je n'ose rien dire ;
Je l'ai chassé de loin, mais il n'en fait que rire.
M. MERLIN.
Je m'en vais lui parler ; vous, Seigneur de Poissi,
Dans une heure au plus tard ne soyez plus ici.

SCENE III.
M. POISSI. BRULELAVETTE.
M. POISSI.

Cher bœuf gras... c'en est fait, & sa perte est certaine ;
Brulelavette aussi le traite en inhumaine.
L'étalier, les garçons de lui se font un jeu :
Ses membres dispersés feront le pôt-au-feu.
Princesse, je le vois, vous voulez sa ruine :
Ce n'est pas à servante à haïr la cuisine ;
Mais on devroit du moins avoir quelques égards
Pour un bœuf qui cent fois affronta les hazards.
Je l'ai vû contre quatre étalant son courage,
Leur donner de la corne au travers du visage,
Et les mettant en fuite en illustre vainqueur,
Les regarder de loin avec un air moqueur,
BRULELAVETTE.
Nous allons lui montrer à se moquer des autres.
S'il a beaucoup d'amis, nous trouverons les nôtres ;
Et nous vous ferons voir s'il aura des raisons
Pour casser ma vaisselle & verser mes bouillons.
Je voudrois bien sçavoir, si dans votre cuisine
On alloit tout briser......
M. POISSI.
J'aurois l'humeur lutine ;

Je n'en disconviens pas, & je pourrois crier ;
Mais sans tuer les gens, je les ferois payer.
BRULELAVETTE.
Faire payer ! d'accord ; mais avec quelles piéces ?
Monsieur votre Bœuf gras a-t-il bien des espéces ?
M. POISSI.
Je sçaurai lui prêter ce qu'il aura besoin.
BRULELAVETTE.
Pour la derniére fois portez-lui donc du foin.
M. POISSI.
Oui je vais le soigner, & d'une ame attendrie
Tâcher au moins qu'il vive étant encor en vie.

SCENE IV.

BRULELAVETTE.

IL a beau s'empresser & faire l'esprit fort ;
Avant qu'il soit ce soir, le Bœuf gras sera mort.
C'est en vain qu'il me traite en ces lieux d'inhumaine ;
Oui je veux du Bœuf gras voir souffler la bedaine.
Depuis huit jours ici c'est à crier : Hola !
On ne peut se parler qu'en disant : Qui va là ?
Notre premier garçon, qui m'adore dans l'ame ;
Oui, mon cher L'échaudoir dont je serai la femme,
Ne peut plus me parler, depuis qu'il faut soigner
Ce gros vilain Bœuf gras que l'on devroit saigner.
Si nous sommes ensemble au grenier, à la cave,
C'est un bruit dans la cour…. on diroit que l'on pave.
Le Bœuf gras, en brisant cordes & moraillons,
Galope comme un diable, & fait ses carillons :

Tragédie comique.

Mais j'entends L'échaudoir, c'est pour moi qu'il arrive.
Dieux ! frapez le Bœuf gras, mais que mon amant vive.

SCENE V.
L'ECHAUDOIR, BRULELAVETTE.

L'ECHAUDOIR *en habit de travail.*

Princesse, à vos genoux vous voyez un amant,
Qui remplit sa promesse, & non pas son serment.
Non, je n'ai point juré de vous être fidele ;
Je n'ai fait que promettre, & c'est assez, ma belle :
Soyez sûre d'un cœur qui pour vous est tout un.
On sçait dans mon état si j'ai le sens commun.
Quand je dirois ici dans l'ardeur la plus forte,
Que la peste m'étouffe, ou le diable m'emporte,
Je sçais mieux m'expliquer sous votre aimable loi :
J'en jure foi de bœuf, foi de veau, foi de moi,
Et sans aller chercher de porte de derriére,
Que du premier garçon vous serez la premiére.

BRULELAVETTE.

Oh, que ce titre est doux à mon cœur ébobi !
J'oublie en ce moment la broche & le roti,
Pour ne plus m'occuper que du sort qui me touche.

L'ECHAUDOIR.

Princesse, tout de bon l'eau vous vient à la bouche.
Quoi ! vous pourriez me voir avec un cœur actif?
Ce cœur soupire-t-il ? ou bien s'il est poussif?
Car je l'entends souffler plus fort qu'un tuyau d'orgue.

BRULELAVETTE.
Ah, vous n'entendez rien, ce n'est que de la drogue:
Quand vous êtes présent, je soupire tout bas ;
Mais je gueule par-tout, quand je ne vous vois pas.
L'ECHAUDOIR.
Oh miracle d'amour ! ôh douce destinée !
Quand pourrons-nous tous deux sous votre cheminée
Nous parler à notre aise, & faire tout de bon
Ce qu'en termes bourgeois on nomme réveillon?
BRULELAVETTE.
Autant que vous & plus je souhaite la chose :
Je me vois encor fille, & n'en suis point la cause.
Ma chemere en tout tems combattit mon espoir ;
Mais ô coup de fortune ! ô mon cher L'échaudoir !
Cette mere si dure, en allant à la halle
Pour l'emploi de porteuse où son nom se signale,
A tombé sous le poids de sa hotte, & soudain
Elle est morte en buvant un coup de sacré-chien.
L'ECHAUDOIR.
Oh bonheur qui me comble & d'amour & de joie !
BRULELAVETTE.
J'ai le cœur si serré, que la ratte & le foie
S'en ressentent tous deux.
L'ECHAUDOIR.
Vous pleurez, mon trognon ?
BRULELAVETTE.
Non, non : c'est que je viens d'éplucher de l'oignon.
L'ECHAUDOIR.
Ah, Princesse, excusez : je croyois voir des larmes
Obscurcir la beauté des attraits de vos charmes ;
Mais vous ne pleurez pas, & cela me suffit :
Il faut dans ce moment mettre tout à profit.
Vous voila libre enfin ; vous n'avez plus de pere,
Et la mort du trépas enleve votre mere.

Qu'attendez-

Tragedie comique.

Qu'attendez-vous ?

BRULELAVETTE.

Mais vous, ô mon cher L'échaudoir,
Vos parens voudront-ils que nous puissions nous voir ?
Peut-être votre mere, en imitant la mienne,
Va-t-elle me chasser comme une mendienne,
Et votre pere aussi.

L'ECHAUDOIR.

Doucement, jugez mieux ;
En recherchant ma main connoissez mes ayeux.
De ma mere, il est vrai, je crains quelque chicane
Mais pour sortir d'affaire, il ne faut pas être âne,
Et je ne le suis pas, soit dit sans vanité.
A l'égard de mon pere, il n'est rien d'arrêté ;
On ne le connoît pas, & j'ai sçu de ma mere
Que le premier venu pouvoit être mon pere.

BRULELAVETTE.

Ah Prince, à ce discours que mon cœur prend de part :
Dieux ! seroit-il bien vrai ? Quoi vous seriez bâtard ?
On dit qu'ils sont heureux, & que tout leur prospere.

L'ECHAUDOIR.

Si l'on a du bonheur quand on n'a pas de pere,
Le plus heureux mortel vous étoit reservé.

BRULELAVETTE.

Où vîtes-vous le jour ?

L'ECHAUDOIR.

Je suis enfant trouvé.

BRULELAVETTE.

Avez-vous bien tetté ?

L'ECHAUDOIR.

Ah! je vous le proteste :
Ma nourrice jamais n'avoit de lait de reste.

B

J'étois un gros goulu qui ne lui ne laissois rien,
J'aimai toujours le lait.

BRULELAVETTE.

                        Seigneur, on le voit bien,
Vous en avez un reste empreint sur la figure
Qui fait voir qu'on vous a fait la bonne mesure.

L'ECHAUDOIR.

Princesse, vous flattez un trop heureux amant,
Qui voudroit bien pouvoir vous en lâcher autant;
Mais pour des complimens je ne sçais pas les faire.

BRULELAVETTE.

Pourquoi vous taisez-vous ?

L'ECHAUDOIR.

                        C'est que je dois me taire:
Car qu'irois-je nommer pour louer vos appas ?
Le monde en est instruit, chacun ne sçait-il pas
Que vous fûtes toujours sage à doublecouture ?

BRULELAVETTE

Seigneur, si je vous plais, c'est un don de nature ;
Je n'ai rien négligé pour atteindre à ce but.

L'ECHAUDOIR.

Vous ne fûtes jamais Princesse de rebut :
Votre mérite éclate aux deux bouts de la ville ;
Vous joignez, comme on dit, l'agréable à l'utile.
Souffrez que d'un genou.....

BRULELEVETTE.

                      Prince, que faites-vous?
Qu'un genou ?

L'ECHAUDOIR.

           Ah ! j'ai tort : souffrez qu'à deux genoux..

Il se jette à terre à deux genoux.

Tragedie comique.

SCENE VI.

M. POISSI, L'ECHAUDOIR, BRULELAVETTE.

M. POISSI *tenant un baton à crosse avec quoi on améne les bœufs.*

OH ! ho ! suis-je trompé ? Non, c'est Brulelavette :
Le Prince L'échaudoir lui compte la fleurette.
Hola, M. Merlin, venez.

L'ECHAUDOIR.

Seigneur.....

BRULELAVETTE.

Hélas !

M. POISSI.

Monsieur Merlin.

BRULELAVETTE.

Seigneur, je sauve le Bœuf gras,
Pourvû que vous taisiez votre mauvaise langue.

L'ECHAUDOIR.

Oui, Seigneur, taisez-vous.

M. POISSI.

Tréve donc de harangue.
Mais que nous veut Dosdâne ?

SCENE DERNIERE.

DOSDANE, *les précedens.*

DOSDANE.

Amis, taisez vous,
Nous venons de porter les plus terribles coups.

Sans chercher à détruire, on a sçu tout abbatre :
Bœuf gras vient d'expirer.

M. POISSI.

Contre un vous étiez quatre :
C'est fort vilain à vous.

L'ECHAUDOIR.

Quel est l'audacieux
Qui lança sur Bœuf gras un merlin furieux ?
Cet honneur m'étoit dû.

DOSDANE.

Prince, on vous confidére.
Et chacun sçait fort bien que c'étoit votre affaire ;
Mais de ce même honneur un autre fut flatté.

L'ECHAUDOIR.

Quel est-ce-téméraire ?

DOSDANE.

Il doit être écouté.

L'ECHAUDOIR.

Qui ?

DOSDANE.

C'est Monsieur Merlin, mon bourgeois & le vôtre.

L'ECHAUDOIR.

Ah ! c'est bien différent, j'assommerois tout autre.

DOSDANE.

Oui de Monsieur Merlin le bras victorieux
Fera passer son nom à nos derniers neveux ;
La paix regnoit par-tout, & dans chaque écurie
Vaches, veaux & moutons vivoient de compagnie.
La poule & les poulets, le coq & les dindons,
Tous d'un commun accord chantoient suivant leurs
    tons :
Pluton notre gros chien ronfloit tout à son aise,
Et la chatte aux souris étoit à chercher noise ;
Tous enfin jouissoient de la tranquillité,

Tragedie comique. 13

Quand tout à coup Bœuf gras paroît en liberté :
Dans ce terrible instant d'un formidable cable
Il venoit de braver la grosseur effroyable :
Les fers n'y faisant rien on l'avoit garotté,
Mais tout se brise & céde à sa brutalité.
Tel on voit au combat le taureau dans l'arêne
Lutter contre les chiens que sur lui l'on déchaîne.
Il est plus furieux, il est plus forcené
Que s'il alloit mourir tout caparaçonné.
On se disperse, on fuit : les poules quatre à quatre
Sur les murs des voisins volent & vont s'abbattre.
Le cop un peu trop vieux pour suivre ses amis,
En voulant s'élever, va tomber dans le puits.
La chatte par un trou quitte la souriciére,
Et pour fuir le danger va gagner la goutiére.
Pluton en brave chien qu'on ne peut effrayer,
S'enroue à pleine gorge à force d'aboyer ;
A ses cris redoublés nos garçons se rassemblent ;
On voit qu'ils ont du cœur, mais cependant ils
    tremblent :
En face, à droite, à gauche, en arriére en un mot,
Bœuf gras étoit en garde, & ruoit du sabot ;
Mais fragiles efforts. Son heure étoit venue :
On ouvre brusquement la porte de la rue.
C'étoit notre Héros ; c'étoit Monsieur Merlin,
Paroissant avoir bû bien moins d'eau que de vin :
Il entre ; & du fracas sans prendre l'épouvante,
D'un regard assuré s'approche & se présente.
Bœuf gras aux yeux de qui Merlin étoit suspect,
Le fixe d'un air doux, & rempli de respect.
A ce prompt changement j'eus peine à le con-
    noître.
C'est alors que je vis ce que peut l'œil du Maître.

Comme Richard sans peur, Amadis, Fierabras,
Et mille autres Zéros de la chronique bleue.
Enfin il joint Bœuf gras, le saisit par la queue,
Et le fait reculer dans la porte : aussi-tôt
Il enferme la queue en tirant le marteau,
L'entortille dedans, & par là les ruades
N'étoient d'aucun effet sur tous nos camarades.
Le plus adroit d'entreux ôtant son tablier,
En aveugle Bœuf gras que cela fait plier.
Merlin qui sçut d'abord bien arrêter la porte,
Va passer par une autre, & fait si bien en sorte
Que Bœuf gras ne pouvant marcher ni reculer,
Tout à son aise enfin il pourra l'immoler.
Ce que je dis fut fait, la victime étoit prête,
La corde dans l'anneau faisoit baisser la tête,
» Mes amis, dit Merlin d'un air plein de grandeur,
» Je veux être aujourd'hui grand Sacrificateur,
» Du Prince L'échaudoir c'est l'ordinaire office ;
» Mais voyez si je sçais entrer en exercice.
Il frape, & le Bœuf gras tombe tout étourdi.
Un second coup le rend encore plus ahuri :
Un troisiéme l'accable, & d'un pas il recule ;
Au quatriéme enfin il ploye la rotule,
Et tombe en présentant la gorge au fer vainqueur.
(à L'échaudoir,)
Si vous ne m'en croyez, allez-y voir, Seigneur.
  M. POISSI, *d'une voix très-enrouée.*
Il est mort !
    DOSDANE.
 Tout est dit.
    M. POISSI.
      Il faut que cette crosse
Me fasse sur la tête une mortelle bosse.

DOSDANE.
Seigneur, arrêtez.
                    J'en suis d'avis aussi;
Car je dois me trouver sur le soir à Poissi
Où j'ai donné parole à deux de mes confrères.
BRULELAVETTE.
Partez, Seigneur, partez; & faites vos affaires.
M. POISSI.
C'est bien dit; mais je veux me venger de Merlin.
Enfans, vous vous aimez, donnez-vous donc la main:
Merlin qui ne veut pas, enragera dans l'ame.
BRULELAVETTE.
Si L'échaudoir le veut, Brulelavette est Dame.
L'ECHAUDOIR.
Grands dieux! si je le veux: pour vous en assurer....
BRULELAVETTE.
Prince, ne jurez pas.
L'ECHAUDOIR.
                    Et moi, je veux jurer,
Et prouver que pour vous un tendre amour me touche:
Un ventre, un tête, un mort n'ont rien qui m'effarouche.
M. POISSI.
Bon, voilà ce qu'il faut; Merlin va bien crier.
Pour vous, mon cher Dosdâne, en illustre étalier
Gouvernez bien l'étal pour jusqu'à nouvel ordre:
Dans peu Merlin aura bien du fil à retordre.
Je vous établirai: tout lui sera soufflé.
DOSDANE.
Seigneur, c'est un honneur dont je suis tout gonflé.
Daignent les justes Dieux vous rendre le centuple:

16   *La mort du Bœuf gras.*
Pour moi, je ne saurois vous offrir qu'
                BRULELAVETTE
De mes gages, Seigneur, je vous offre
                L'ECHAUDOIR.
D'une tête de veau, des pied & du gésier
Vous pouvez disposer.
                M. POISSI
                        Gardez votre abbatis,
Je vois votre bon cœur, & vous en remercie.
Vous, Prince L'échaudoir, aimez bien vos enfants,
Dans trois mois au plus tard vous en aurez vivants.
Vous, de la cuisinière écartez tout scrupule,
Dosdâne, enseignez-leur à bien ferrer la mule.
Le cher Bœuf gras est mort, ses malheurs sont réels,
Mais qu'y faire, Messieurs, nous sommes tous
              mortels.

Divertissement de garçons Bouchers & de Tripières.

              FIN.

_____

Lu par ordre de M. le Lieutenant Général de Police, & approuvé pour être représenté sur Théâtre de la Foire S. Germain & pour être imprimé. A Paris ce 26 Janvier 1767.

Vû l'Approbation. Permis de représenter & d'imprimer. Ce 4 Février 1767. LE MARTINE.

Extrait du Journal historique et politique
du gouvern[ement] des divers cours de
l'Europe. 1773. N°. 7. du 10 mars.
p. 31. 32.

De Manheim le 23. fev.

Tous les chemins du duché de Bergue, de
Juilliers et de l'électorat de Cologne sont
infestés par une bande de voleurs et de
brigands, qu'on fait monter, sur la
déposition d'un de ces malheureux arrêté
près d'Aix-la-Chapelle, à plus de 300
scélérats de différentes nations. Il y a 15.
jours, que sept juifs de cette bande
attaquèrent un boucher la nuit près
de Dusseldorff, le massacrèrent, lui
volèrent 300. écus qu'il portait, lui cou-
pèrent la tête, l'écorchèrent, mirent
la tête et la peau dans un sac qu'ils
portèrent à Dusseldorff, et abandonnè-
rent le reste du cadavre. Le lendemain
matin un chasseur vit ce corps tronqué,
et en fit son rapport au magistrat. Ce-
lui étant entré dans un cabaret, il y
trouva sept juifs ivres, qu'il soupçonna
être les assassins; il en avertit la justice,
on les arrêta, et on trouva effectivement
avec eux la tête et la peau du boucher.
On instruit leur procès, qui ne tardera pas
à être jugé.   (2. mars 1773)

à Blois à l'entrée du roi Henri 2.º print un plaisant esbatement, a feu de faire despouiller un nombre de putains, et principalement de celles que les italiens appelent Sfaciate, et estans toutes nues, ainsi que quand elles viendrent du ventre de leurs meres, les faire monter sur des boeufs et sur iceux en tel équipage faire leurs monstre par tout où sembloit bon à messieurs qui les suivoient, faisans office de priapus boeufs. Hen. Estienne, apologie pr Hérodote, ch. 12. p. 93. édit. 1580.
Guillaume Desmarescs.